Todos los libros de Linkgua Ediciones cuentan con modelos de Inteligencia Artificial entrenados por hispanistas. Pregúntale al chat de tu libro lo que desees acerca de la obra o su autor/a.

Para ebooks: Accede a nuestro modelo de IA a través de este enlace.

Para libros impresos: Escanea el código QR de la portada con tu dispositivo móvil.

Obtén análisis detallados de nuestros libros, resúmenes, respuestas a tus preguntas y accede a nuestras ediciones críticas generativas para una experiencia de lectura más enriquecedora.
La transparencia y el respeto hacia la autoría de las fuentes utilizadas son distintivos básicos de nuestro proyecto. Por ello, las respuestas ofrecen, mediante un sistema de citas, las fuentes con las que han sido elaboradas.

Autores varios

Estatuto de Bayona

Barcelona 2024
Linkgua-ediciones.com

Créditos

Título original: Estatuto de Bayona.

© 2024, Red ediciones S.L.

e-mail: info@linkgua-ediciones.com

Diseño de cubierta: Michel Mallard.

ISBN rústica: 978-84-9007-930-0.
ISBN ebook: 978-84-9007-399-5.

Sumario

Brevísima presentación

La Constitución de Bayona, también llamada Carta de Bayona o Estatuto de Bayona (en francés Acte Constitutionnel de l'Espagne), se promulgó en la ciudad francesa de Bayona el 7 de julio de 1808 por José Bonaparte, como rey de España. Se inspiró en el modelo de estado constitucional bonapartista.

El Estatuto de Bayona tiene su origen en el derecho francés. Defendido por los liberales moderados. Aquí se legisla sobre:

el Senado,
el Consejo de Estado,
la Regencia,
la sucesión de la Corona,
el principio de la reglamentación de los derechos individuales
y el sistema de control.

El nuevo régimen político, era revolucionario para la época y supuso la abdicación de Fernando VII. La fórmula del pacto

«que une a nuestros pueblos con Nos y a Nos con nuestros pueblos»

ponía término a la antigua monarquía absoluta basada en el derecho divino de la monarquía y

«establecía el moderno sistema representativo, cuya base no es ni puede ser otro que el pacto de alianza y unión entre la nación y el trono, como representantes ambos de la soberanía».

Estatuto de Bayona de 1808

En el nombre de Dios Todopoderoso: Don José Napoleón, por la gracia de Dios, Rey de las Españas y de las Indias:

Habiendo oído a la Junta nacional, congregada en Bayona de orden de nuestro muy caro y muy amado hermano Napoleón, Emperador de los franceses y Rey de Italia, protector de la Confederación del Rhin, etc.

Hemos decretado y decretamos la presente Constitución, para que se guarde como ley fundamental de nuestros Estados y como base del pacto que une a nuestros pueblos con Nos, y a Nos con nuestros pueblos.

Título I. De la religión

15

Artículo 1

La religión Católica, Apostólica y Romana, en España y en todas las posesiones españolas, será la religión del Rey y de la Nación, y no se permitirá ninguna otra.

Título II. De la sucesión de la corona

Artículo 2

La Corona de las Españas y de las Indias será hereditaria en nuestra descendencia directa, natural y legítima, de varón en varón, por orden de primogenitura y con exclusión perpetua de las hembras.

En defecto de nuestra descendencia masculina natural y legítima, la Corona de España y de las Indias volverá a nuestro muy caro y muy amado hermano Napoleón, Emperador de los franceses y Rey de Italia, y a sus herederos y descendientes varones, naturales y legítimos o adoptivos.

En defecto de la descendencia masculina, natural o legítima o adoptiva de dicho nuestro muy caro y muy amado hermano Napoleón, pasará la Corona a los descendientes varones, naturales legítimos, del príncipe Luis-Napoleón, Rey de Holanda.

En defecto de descendencia masculina natural y legítima del príncipe Luis-Napoleón, a los descendientes varones naturales y legítimos del príncipe Jerónimo-Napoleón, Rey de Westfalia.

En defecto de éstos, al hijo primogénito, nacido antes de la muerte del último Rey, de la hija primogénita entre las que tengan hijos varones, y a su descendencia masculina, natural y legítima, y en caso que el último Rey no hubiese dejado hija que tenga varón, a aquél que haya sido designado por su testamento, ya sea entre sus parientes más cercanos, o ya entre aquellos que haya creído más dignos de gobernar a los españoles.

Esta designación del Rey se presentará a las Cortes para su aprobación.

Artículo 3

La Corona de las Españas y de las Indias no podrá reunirse nunca con otra en una misma persona.

Artículo 4

En todos los edictos, leyes y reglamentos, los títulos del Rey de las Españas serán: D. N... por la gracia de Dios y por la Constitución del Estado, Rey de las Españas y de las Indias.

Artículo 5

El Rey, al subir al Trono o al llegar a la mayor edad, prestará juramento sobre los Evangelios, y en presencia del Senado, del Consejo de Estado, de las Cortes y del Consejo Real, llamado de Castilla.

El ministro Secretario de Estado extenderá el acta de la presentación del juramento.

Artículo 6

La fórmula del juramento del Rey será la siguiente:

«Juro sobre los santos Evangelios respetar y hacer respetar nuestra santa religión, observar y hacer observar la Constitución, conservar la integridad y la independencia de España y sus posesiones, respetar y hacer respetar la libertad individual y la propiedad y gobernar solamente con la mira del interés, de la felicidad y de la gloria de la nación española.»

Los pueblos de las Españas y de las Indias prestarán juramento al Rey en esta forma: «Juro fidelidad y obediencia al Rey, a la Constitución y a las Leyes.»

Título III. De la regencia

Artículo 8
El Rey será menor hasta la edad de diez y ocho años cumplidos. Durante su menor edad habrá un Regente del reino.

Artículo 9
El Regente deberá tener, a lo menos, veinticinco años cumplidos.

Artículo 10
Será Regente el que hubiere sido designado por el Rey predecesor, entre los infantes que tengan la edad determinada en el artículo antecedente.

Artículo 11
En defecto de esta designación del Rey predecesor, recaerá la Regencia en el infante más distante del Trono en el orden de herencia, que tenga veinticinco años cumplidos.

Artículo 12
Si a causa de la menor edad del infante más distante del Trono en el orden de herencia, recayese la Regencia en un pariente más próximo, éste continuará en el ejercicio de sus funciones hasta que el Rey llegue a su mayor edad.

Artículo 13

El Regente no será personalmente responsable de los actos de su administración.

Artículo 14

Todos los actos de la Regencia saldrán a nombre del Rey menor.

Artículo 15

De la renta con que está dotada la Corona, se tomará la cuarta parte para dotación del Regente.

Artículo 16

En el caso de no haber designado Regente el Rey predecesor, y de no tener veinticinco años cumplidos ninguno de los infantes, se formará un Consejo de Regencia, compuesto de los siete senadores más antiguos.

Artículo 17

Todos los negocios del Estado se decidirán a pluralidad de votos por el Consejo de Regencia, y el mismo Secretario de Estado llevará registro de las deliberaciones.

Artículo 18

La Regencia no dará derecho alguno sobre la persona del Rey menor.

Artículo 19

La guarda del Rey menor se confiará al príncipe de signado a este efecto por el predecesor del Rey menor, y en defecto de esta designación a su madre.

Artículo 20

Un Consejo de tutela, compuesto de cinco senadores nombrados por el último Rey, tendrá el especial encargo de cuidar de la educación del Rey menor, y será consultado en todos los negocios de importancia relativos a su persona y a su casa.

Si el último Rey no hubiera designado los senadores, compondrán este Consejo los cinco más antiguos.

En caso que hubiera al mismo tiempo Consejo de Regencia, compondrán el Consejo de tutela los cinco senadores, que se sigan por orden de antigüedad a los del Consejo de Regencia.

Título IV. De la dotación de la corona

Artículo 21

El patrimonio de la Corona se compondrá de los palacios de Madrid, de El Escorial, de San Ildefonso, de Aranjuez, de El Pardo y de todos los demás que hasta ahora han pertenecido a la misma Corona, con los parques, bosques, cercados y propiedades dependientes de ellos, de cualquier naturaleza que sean.

Las rentas de estos bienes entrarán en el tesoro de la Corona, y si no llegan a la suma anual de un millón de pesos fuertes, se les agregarán otros bienes patrimoniales, hasta que su producto o renta total complete esta suma.

Artículo 22

El Tesoro Público entregará al de la Corona una suma anual de dos millones de pesos fuertes, por duodécimas partes o mesadas.

Los infantes de España, luego que lleguen a la edad de doce años, gozarán por alimentos una renta anual, a saber: el Príncipe heredero, de 200.000 pesos fuertes; cada uno de los infantes, de 100.000 pesos fuertes; cada una de las infantas, de 50.000 pesos fuertes.

El Tesoro Público entregará estas sumas al tesorero de la Corona.

Artículo 24

La Reina tendrá de viudedad 400.000 pesos fuertes, que se pagarán del tesoro de la Corona.

Título V. De los oficios de la casa real

Artículo 25
Los jefes de la Casa Real serán seis, a saber:

Un capellán mayor. Un mayordomo mayor. Un camarero mayor. Un caballerizo mayor. Un montero mayor. Un gran maestro de ceremonias.

Artículo 26
Los gentiles-hombres de Cámara, mayordomos de semana, capellanes de honor, maestros de ceremonias, caballerizos y ballesteros, son de la servidumbre de la Casa Real.

Título VI. Del ministerio

Artículo 27

Habrá nueve Ministerios, a saber:

Un Ministerio de Justicia. Otro de Negocios Eclesiásticos. Otro de Negocios Extranjeros. Otro del Interior. Otro de Hacienda. Otro de Guerra. Otro de Marina. Otro de Indias. Otro de Policía General.

Artículo 28

Un Secretario de Estado, con la calidad de ministro, refrendará todos los decretos.

Artículo 29

El Rey podrá reunir, cuando lo tenga por conveniente, el Ministerio de Negocios Eclesiásticos al de Justicia y el de Policía General al del Interior.

No habrá otra preferencia entre los ministros que la de la antigüedad de sus nombramientos.

Artículo 31

Los ministros, cada uno en la parte que le toca, serán responsables de la ejecución de las leyes y de las órdenes del Rey.

Título VII. Del senado

Artículo 32

El Senado se compondrá:

1.º De los infantes de España que tengan dieciocho años cumplidos.

2.º De veinticuatro individuos, nombrados por el Rey entre los ministros, los capitanes generales del Ejército y Armada, los embajadores, consejeros de Estado y los del Consejo Real.

Artículo 33

Ninguno podrá ser nombrado senador si no tiene cuarenta años cumplidos.

Artículo 34

Las plazas de senador serán de por vida.

No se podrá privar a los Senadores del ejercicio de sus funciones, sino en virtud de una sentencia legal dada por los Tribunales competentes.

Artículo 35

Los consejeros de Estado actuales serán individuos del Senado.

No se hará ningún nombramiento hasta que hayan quedado reducidos a menos del número de veinticuatro, determinado por el artículo 32.

Artículo 36
El presidente del Senado será nombrado por el Rey, y elegido entre los senadores. Sus funciones durarán un año.

Artículo 37
Convocará el Senado, o de orden del Rey, o a petición de las Juntas de que se hablará después en los artículos 41 y 45, o para los negocios interiores del cuerpo.

En caso de sublevación a mano armada, o de inquietudes que amenacen la seguridad del Estado, el Senado, a propuesta del Rey, podrá suspender el imperio de la Constitución por tiempo y en lugares determinados.

Podrá, asimismo, en casos de urgencia y a propuesta del Rey tomar las demás medidas extraordinarias, que exija la conservación de la seguridad pública.

Artículo 39
Toca al Senado velar sobre la conservación de la libertad individual y de la libertad de la imprenta, luego que esta última se establezca por ley, como se previene después, título XIII, artículo 145. El Senado ejercerá facultades de modo que se prescribirá en los artículos siguientes.

Artículo 40

Una junta de cinco senadores nombrados por el mismo Senado, conocerá, en virtud de parte que le da el ministro de Policía General, de las prisiones ejecutadas con arreglo al artículo 134 del título XIII, cuando las personas presas no han sido puestas en libertad, o entregadas a disposición de los tribunales, dentro de un mes de su prisión.

Esta junta se llamará Junta Senatoria de Libertad Individual.

Artículo 41

Todas las personas presas y no puestas en libertad o en juicio dentro del mes de su prisión, podrán recurrir directamente por sí, sus parientes o representantes, y por medio de petición, a la Junta Senatoria de Libertad Individual.

Artículo 42

Cuando la Junta Senatoria entienda que el interés del Estado no justifica la detención prolongada por más de un mes, requerirá al ministro que mandó la prisión, para que haga poner en libertad a la persona detenida o la entregue a disposición del Tribunal competente.

Artículo 43

Si después de tres requisiciones consecutivas, hechas en el espacio de un mes, la persona detenida no fuese puesta en libertad, o remitida a los Tribunales ordinarios, la Junta pedirá que se convoque al Senado, el cual, si hay méritos para ello, hará la siguiente declaración: «Hay vehementes presunciones de que N... está detenido arbitrariamente.»

El presidente pondrá en manos del Rey la deliberación motivada del Senado.

Artículo 44

Esa deliberación será examinada, en virtud de orden del Rey por una junta compuesta de los presidentes de sección del Consejo de Estado y de cinco individuos del Consejo Real.

Artículo 45

Una junta de cinco senadores, nombrados por el mismo Senado, tendrá el encargo de velar sobre la libertad de la imprenta.

Los papeles periódicos no se comprenderán en la disposición de este artículo. Esta junta se llamará Junta Senatoria de Libertad de la Imprenta.

Artículo 46

Los autores, impresores y libreros, que crean tener motivo para quejarse de que se les haya impedido la impresión o la venta de una obra, podrán recurrir directamente, y por medio de petición, a la Junta Senatoria de Libertad de la Imprenta.

Artículo 47

Cuando la Junta entienda que la publicación de la obra no perjudica al Estado, requerirá al ministro que ha dado la orden para que la revoque.

Artículo 48

Si después de tres requisiciones consecutivas, hechas en el espacio de un mes, no la revocase, la Junta pedirá que se convoque el Senado, el cual, si hay méritos para ello, hará la declaración siguiente: «Hay vehementes presunciones de que la libertad de la imprenta ha sido quebrantada.»

El Presidente pondrá en manos del Rey la deliberación motivada del Senado.

Artículo 49

Esta deliberación será examinada de orden del Rey, por una junta compuesta como se previno arriba.

Artículo 50

Los individuos de estas dos Juntas se renovarán por quintas partes cada seis meses.

Artículo 51

Solo el Senado, a propuesta del Rey, podrá anular como inconstitucionales las operaciones de las juntas de elección,

para el nombramiento de diputados de las provincias, o las
de los Ayuntamientos para el nombramiento de diputados de
las ciudades.

Título VIII. Del consejo de estado

Artículo 52

Habrá un Consejo de Estado presidido por el Rey, que se compondrá de treinta individuos a lo menos, y de sesenta cuando más, y se dividirá en seis secciones, a saber:

Sección de Justicia y de Negocios Eclesiásticos. Sección de lo Interior y Policía General. Sección de Hacienda. Sección de Guerra. Sección de Marina y Sección de Indias.

Cada sección tendrá un presidente y cuatro individuos a lo menos.

Artículo 53

El Príncipe heredero podrá asistir a las sesiones del Consejo de Estado luego que llegue a la edad de quince años.

Artículo 54

Serán individuos natos del Consejo de Estado, los ministros y el presidente del Consejo Real; asistirán a sus sesiones cuando lo tengan por conveniente; no harán parte de ninguna sección, ni entrarán en cuenta para el número fijado en el artículo antecedente.

Artículo 55

Habrá seis diputados de Indias adjuntos a la Sección de Indias, con voz consultiva, conforme a lo que se establece más adelante, art. 95, título X.

Artículo 56

El Consejo de Estado tendrá consultores, asistentes y abogados del Consejo.

Artículo 57

Los proyectos de leyes civiles y criminales y los reglamentos generales de administración pública serán examinados y extendidos por el Consejo de Estado.

Artículo 58

Conocerá de las competencias de jurisdicción entre los cuerpos administrativos y judiciales, de la parte contenciosa, de la administración y de la citación a juicio de los agentes o empleados de la administración pública.

Artículo 59

El Consejo de Estado, en los negocios de su dotación, no tendrá sino voto consultivo.

Artículo 60

Los decretos del Rey sobre objetos correspondientes a la decisión de las Cortes, tendrán fuerza de ley hasta las primeras que se celebren, siempre que sean ventilados en el Consejo de Estado.

Título IX. De las cortes

Artículo 61

Habrá Cortes o Juntas de la Nación, compuestas de 172 individuos, divididos en tres estamentos, a saber:

El estamento del clero. El de la nobleza. El del pueblo.

El estamento del clero se colocará a la derecha del Trono, el de la nobleza a la izquierda y en frente el estamento del pueblo.

Artículo 62

El estamento del clero se compondrá de 25 arzobispos y obispos.

Artículo 63

El estamento de la nobleza se compondrá de 25 nobles, que se titularán Grandes de Cortes.

Artículo 64

El estamento del pueblo se compondrá:

1.º De 62 diputados de las provincias de España e Indias.

2.º De 30 diputados de las ciudades principales de España e islas adyacentes. 3.º 3.º De 15 negociantes o comerciantes.

4.º De 15 diputados de las Universidades, personas sabias o distinguidas por su mérito personal en las ciencias o en las artes.

Artículo 65

Los arzobispos y obispos, que componen el estamento del Clero, serán elevados a la clase de individuos de Cortes por una cédula sellada con el gran sello del Estado, y no podrán ser privados del ejercicio de sus funciones, sino en virtud de una sentencia dada por los tribunales competentes y en forma legal.

Artículo 66

Los nobles, para ser elevados a la clase de Grandes de Cortes, deberán disfrutar una renta anual de 20.000 pesos fuertes a lo menos, o haber hecho largos e importantes servicios en la carrera civil o militar. Serán elevados a esta clase por una cédula sellada con el gran sello del Estado, y no podrán ser privados del ejercicio de sus funciones, sino en virtud de una sentencia dada por los tribunales competentes y en forma legal.

Artículo 67

Los diputados de las provincias de Estado e islas adyacentes serán nombrados por éstas a razón de un diputado por 300.000 habitantes, poco más o menos. Para este efecto se dividirán las provincias en partidos de elección, que compongan la población necesaria, para tener derecho a la elección de un diputado.

La junta que ha de proceder a la elección del diputado de partido recibirá su organización de una ley hecha en Cortes, y hasta esta época se compondrá:

1.º Del decano de los regidores de todo pueblo que tenga
a lo menos cien habitantes, y si en algún partido no hay 20
pueblos, que tengan este vecindario, se reunirán las pobla-
ciones pequeñas, para dar un elector a razón de cien habitantes, sacándose éste por suerte, entre los regidores deca-
nos, de cada uno de los referidos pueblos.

2.º Del decano de los curas de los pueblos principales del
partido, los cuales se designarán de manera que el numero
de los electores eclesiásticos no exceda del tercio del número
total de los individuos de la junta de elección.

Artículo 69

Las juntas de elección no podrán celebrarse, sino en virtud de real cédula de convocación, en que se expresen el
objeto y lugar de la reunión, y la época de la apertura y de la
conclusión de la junta. El presidente de ella será nombrado
por el Rey.

Artículo 70

La elección de diputados de las provincias de Indias se
hará conforme a lo que se previene en el artículo 93, título
X.

Artículo 71

Los diputados de las 30 ciudades principales del reino serán nombrados por el Ayuntamiento de cada una de ellas.

Artículo 72

Para ser diputado por las provincias o por las ciudades se necesitará ser propietario de bienes raíces.

Artículo 73

Los 15 negociantes o comerciantes serán elegidos entre los individuos de las Juntas de Comercio y entre los negociantes más ricos y más acreditados del Reino, y serán nombrados por el Rey entre aquellos que se hallen comprendidos en una lista de 15 individuos, formada por cada uno de los Tribunales y Juntas de Comercio.

El Tribunal y la Junta de Comercio se reunirá en cada ciudad para formar en común su lista de presentación.

Artículo 74

Los diputados de las Universidades, sabios y hombres distinguidos por su mérito personal en las ciencias y en las artes, serán nombrados por el Rey entre los comprendidos en una lista:

1.º De 15 candidatos presentados por el Consejo Real;
2.º De siete candidatos presentados por cada una de las Universidades del Reino.

Los individuos del estamento del pueblo se renovarán de unas Cortes para otras, pero podrán ser reelegidos para las Cortes inmediatas. Sin embargo, el que hubiese asistido a dos juntas de Cortes consecutivas no podrá ser nombrado de nuevo sino guardando un hueco de tres años.

Artículo 76

Las Cortes se juntarán en virtud de convocación hecha por el Rey. No podrán ser diferidas, prorrogadas ni disueltas sino de su orden. Se juntarán a lo menos una vez cada tres años.

Artículo 77

El presidente de las Cortes será nombrado por el Rey, entre tres candidatos que propondrán las Cortes mismas, por escrutinio y a pluralidad absoluta de votos.

Artículo 78

A la apertura de cada sesión nombrarán las Cortes: 1.º Tres candidatos para la presidencia.

1.º Dos vicepresidentes y dos secretarios.
2.º Cuatro comisiones compuestas de cinco individuos cada una, a saber: Comisión de Justicia, Comisión de lo Interior, Comisión de Hacienda y Comisión de Indias.

El más anciano, de los que asistan a la Junta, la presidirá hasta la elección de presidente.

Artículo 79

Los vicepresidentes sustituirán al presidente, en caso de ausencia o impedimento, por el orden en que fueron nombrados.

Artículo 80

Las sesiones de las Cortes no serán públicas, y sus votaciones se harán en voz o por escrutinio; y para que haya resolución, se necesitará la pluralidad absoluta de votos tomados individualmente.

Artículo 81

Las opiniones y las votaciones no deberán divulgarse ni imprimirse. Toda publicación por medio de impresión o carteles, hecha por la Junta de Cortes o por alguno de sus individuos, se considerará como un acto de rebelión.

Artículo 82

La ley fijará de tres en tres años la cuota de las rentas y gastos anuales del Estado, y esta ley la presentarán oradores del Consejo de Estado a la deliberación y aprobación de las Cortes.

Artículo 83

Los proyectos de ley se comunicarán previamente por las secciones del Consejo de Estado a las Comisiones respectivas de las Cortes, nombradas al tiempo de su apertura.

Artículo 84

Las cuentas de Hacienda dadas por cargo y data, con distinción del ejercicio de cada año, y publicadas anualmente por medio de la imprenta, serán presentadas por el ministro de Hacienda a las Cortes, y éstas podrán hacer, sobre los abusos introducidos en la administración, las representaciones que juzguen convenientes.

Artículo 85

En caso de que las Cortes tengan que manifestar quejas graves y motivadas sobre la conducta de un ministro, la representación que contenga estas quejas y la exposición de sus fundamentos, votada que sea, será presentada al Trono por una diputación.

Examinará esta representación, de orden del Rey, una comisión compuesta de seis consejeros de Estado y de seis individuos del Consejo Real.

Artículo 86

Los decretos del Rey, que se expidan a consecuencia de deliberación y aprobación de las Cortes, se promulgarán con esta fórmula: «Oídas las Cortes.»

Título X. De los reinos y provincias españolas de América y Asia

Artículo 87

Los reinos y provincias españolas de América y Asia gozarán de los mismos derechos que la Metrópoli.

Artículo 88

Será libre en dichos reinos y provincias toda especie de cultivo e industria.

Artículo 89

Se permitirá el comercio recíproco entre los reinos y provincias entre sí y con la Metrópoli.

Artículo 90

No podrá concederse privilegio alguno particular de exportación o importación en dichos reinos y provincias.

Artículo 91

Cada reino y provincia tendrá constantemente cerca del Gobierno diputados encargados de promover sus intereses y de ser sus representantes en las Cortes.

Artículo 92

Estos diputados serán en número de 22, a saber:

Dos de Nueva España. Dos del Perú
Dos del Nuevo Reino de Granada Dos de Buenos Aires
Dos de Filipinas.
Uno de la Isla de Cuba. Uno de Puerto Rico.
Uno de la provincia de Venezuela. Uno de Caracas.
Uno de Quito. Uno de Chile Uno de Cuzco.
Uno de Guatemala. Uno de Yucatán. Uno de Guadalajara.
Uno de las provincias internas occidentales de Nueva España. Y uno de las provincias orientales.

Artículo 93

Estos diputados serán nombrados por los Ayuntamientos de los pueblos, que designen los virreyes o capitanes generales, en sus respectivos territorios.

Para ser nombrados deberán ser propietarios de bienes raíces y naturales de las respectivas provincias.

Cada Ayuntamiento elegirá, a pluralidad de votos, un individuo, y el acto de los nombramientos se remitirá al virrey o capitán general.

Será diputado el que reúna mayor número de votos entre los individuos elegidos en los Ayuntamientos. En caso de igualdad decidirá la suerte.

Artículo 94

Los diputados ejercerán sus funciones por el término de ocho años. Si al concluirse este término no hubiesen sido reemplazados, continuarán en el ejercicio de sus funciones hasta la llegada de sus sucesores.

Artículo 95

Seis diputados nombrados por el Rey, entre los individuos de la diputación de los reinos y provincias españolas de América y Asia, serán adjuntos en el Consejo de Estado y Sección de Indias. Tendrán voz consultiva en todos los negocios tocantes a los reinos y provincias españolas de América y Asia.

Título XI. Del orden judicial

Artículo 96

Las Españas y las Indias se gobernarán por un solo Código de leyes civiles y criminales.

Artículo 97

El orden judicial será independiente en sus funciones.

Artículo 98

La justicia se administrará en nombre del Rey, por juzgados y tribunales que él mismo establecerá. Por tanto, los tribunales que tienen atribuciones especiales, y todas las justicias de abadengo, órdenes y señorío, quedan suprimidas

Artículo 99

El Rey nombrará todos los jueces.

Artículo 100

No podrá procederse a la destitución de un juez sino a consecuencia de denuncia hecha por el presidente o el procurador general del Consejo Real y deliberación del mismo Consejo, sujeta a la aprobación del Rey.

Artículo 101

Habrá jueces conciliadores, que formen un tribunal de pacificación, juzgados de primera instancia, audiencias o tribunales de apelación, un Tribunal de reposición para todo el reino, y una Alta Corte Real.

Artículo 102

Las sentencias dadas en última instancia deberán tener su plena y entera ejecución, y no podrán someterse a otro tribunal sino en caso de haber sido anuladas por el Tribunal de reposición.

Artículo 103

El número de juzgados de primera instancia se determinará según lo exijan los territorios.

El número de las Audiencias o tribunales de apelación, repartidos por toda la superficie del territorio de España e islas adyacentes, será de nueve por lo menos y de quince a lo más.

Artículo 104

El Consejo Real será el Tribunal de reposición.

Conocerá de los recursos de fuerza en materias eclesiásticas.

Tendrá un presidente y dos vicepresidentes. El presidente será individuo nato del Consejo de Estado.

Artículo 105

Habrá en el Consejo Real un procurador general o fiscal y el número de sustitutos necesarios para la expedición de los negocios.

Artículo 106

El proceso criminal será público.

En las primeras Cortes se tratará de si se establecerá o no el proceso por jurados.

Artículo 107

Podrá introducirse recurso de reposición contra todas las sentencias criminales.

Este recurso se introducirá en el Consejo Real, para España e islas adyacentes, y en las salas de lo civil de las Audiencias pretoriales para las Indias. La Audiencia de Filipinas se considerará para este efecto como Audiencia pretorial.

Artículo 108

Una Alta Corte Real conocerá especialmente de los delitos personales cometidos por los individuos de la familia Real, los ministros, los senadores y los consejeros de Estado.

Artículo 109

Contra sus sentencias no podrá introducirse recurso alguno, pero no se ejecutarán hasta que el Rey las firme.

Artículo 110

La Alta Corte se compondrá de los ocho senadores más antiguos, de los seis presidentes de sección del Consejo de Estado y del presidente y de los dos vicepresidentes del Consejo Real.

Artículo 111

Una ley propuesta de orden del Rey, a la deliberación y aprobación de las Cortes, determinará las demás facultades y modo de proceder de la Alta Corte Real.

Artículo 112

El derecho de perdonar pertenecerá solamente al Rey y le ejercerá oyendo al ministro de Justicia, en un consejo privado compuesto de los ministros, de dos senadores, de dos consejeros de Estado y de dos individuos del Consejo Real.

Artículo 113

Habrá un solo código de Comercio para España e Indias.

Artículo 114

En cada plaza principal de comercio habrá un tribunal y una Junta de comercio.

Título XII. De la administración de hacienda

Artículo 115

Los vales reales, los juros y los empréstitos de cualquiera naturaleza, que se hallen solemnemente reconocidos, se constituyen definitivamente deuda nacional.

Artículo 116

Las aduanas interiores de partido a partido y de provincia a provincia quedan suprimidas en España e Indias. Se trasladarán a las fronteras de tierra o de mar.

Artículo 117

El sistema de contribuciones será igual en todo el reino.

Artículo 118

Todos los privilegios que actualmente existen concedidos a cuerpos o a particulares, quedan suprimidos.

La supresión de estos privilegios, si han sido adquiridos por precio, se entiende hecha bajo indemnización, la supresión de los de jurisdicción será sin ella.

Dentro del término de un año se formará un reglamento para dichas indemnizaciones.

Artículo 119

El Tesorero público será distinto y separado del Tesoro de la Corona.

Artículo 120

Habrá un director general del Tesoro Público que dará cada año sus cuentas, por cargo y data y con distinción de ejercicios.

Artículo 121

El Rey nombrará el director general del Tesoro Público. Éste prestará en sus manos juramento de no permitir ninguna distracción del caudal público, y de no autorizar ningún pagamento, sino conforme a las consignaciones hechas a cada ramo.

Artículo 122

Un tribunal de Contaduría general examinará y fenecerá las cuentas de todos los que deban rendirías. Este tribunal se compondrá de las personas que el Rey nombre.

Artículo 123

El nombramiento para todos los empleos pertenecerá al Rey o a las autoridades a quienes se confíe por las leyes y reglamentos.

Título XIII. Disposiciones generales

Artículo 124

Habrá una alianza ofensiva y defensiva perpetuamente, tanto por tierra como por mar, entre Francia y España. Un tratado especial determinará el contingente con que haya de contribuir, cada una de las dos potencias, en caso de guerra de tierra o de mar.

Artículo 125

Los extranjeros que hagan o hayan hecho servicios importantes al Estado, los que puedan serle útiles por sus talentos, sus invenciones o su industria, y los que formen grandes establecimientos o hayan adquirido la propiedad territorial, por la que paguen de contribución la cantidad anual de 50 pesos fuertes, podrán ser admitidos a gozar el derecho de vecindad.

El Rey concede este derecho, enterado por relación del ministro de lo Interior y oyendo al Consejo de Estado.

Artículo 126

La casa de todo habitante en el territorio de España y de Indias es un asilo inviolable: no se podrá entrar en ella sino de día y para un objeto especial determinado por una ley, o por una orden que dimane de la autoridad pública.

Artículo 127

Ninguna persona residente en el territorio de España y de Indias podrá ser presa, como no sea en flagrante delito, sino en virtud de una orden legal y escrita.

Artículo 128

Para que el acto en que se manda la prisión pueda ejecutarse, será necesario:

1.º Que explique formalmente el motivo de la prisión y la ley en virtud de que se manda.

2.º Que dimane de un empleado a quien la ley haya dado formalmente esta facultad.

3.º Que se notifique a la persona que se va a prender y se la deje copia.

Artículo 129

Un alcaide o carcelero no podrá recibir o detener a ninguna persona sino después de haber copiado en su registro el acto en que se manda la prisión. Este acto debe ser un mandamiento dado en los términos prescritos en el artículo antecedente, o un mandato de asegurar la persona, o un decreto de acusación o una sentencia.

Artículo 130

Todo alcalde o carcelero estará obligado, sin que pueda ser dispensado por orden alguna, a presentar la persona que estuviere presa al magistrado encargado de la policía de la cárcel, siempre que por él sea requerido.

Artículo 131

No podrá negarse que vean al preso sus parientes y amigos, que se presente con una orden de dicho magistrado, y éste estará obligado a darla, a no ser que el alcaide o carcelero manifieste orden del juez para tener al preso sin comunicación.

Artículo 132

Todos aquellos que no habiendo recibido de la ley la facultad de hacer prender, manden, firmen y ejecuten la prisión de cualquiera persona, todos aquellos que aun en el caso de una prisión autorizada por la ley reciban o detengan al preso en un lugar que no esté pública y legalmente destinado a prisión, y todos los alcaides y carceleros que contravengan a las disposiciones de los tres artículos precedentes, incurrirán en el crimen de detención arbitraria.

Artículo 133

El tormento queda abolido: todo rigor o apremio que se emplee en el acto de la prisión o en la detención y ejecución y no esté expresamente autorizado por la ley, es un delito.

Artículo 134

Si el Gobierno tuviera noticias de que se trama alguna conspiración contra el Estado, el ministro de Policía podrá dar mandamiento de comparecencia y de prisión contra los indiciados como autores y cómplices.

Artículo 135

Todo fideicomiso, mayorazgo o sustitución de los que actualmente existen y cuyos bienes, sea por sí solo o por la reunión de otros en una misma persona, no produzcan una renta anual de 5.000 pesos fuertes, queda abolido.

El poseedor actual continuará gozando de dichos bienes restituidos a la clase de libres.

Artículo 136

Todo poseedor de bienes actualmente afectos a fideicomiso, mayorazgos o sustitución, que produzcan una renta anual de más de 5.000 pesos fuertes, podrá pedir, si lo tiene por conveniente, que dichos bienes vuelvan a la clase de libres. El permiso necesario para este efecto ha de ser el Rey quien lo conceda.

Artículo 137

Todo fideicomiso, mayorazgo o sustitución de los que actualmente existen, que produzca por sí mismo o por la reunión de muchos fideicomisos, mayorazgos o sustituciones en la misma cabeza, una renta anual que exceda de 20.000 pesos fuertes, se reducirá al capital que produzca líquidamente la referida suma, y los bienes que pasen de dicho capital, volverán a entrar en la clase de libres, continuando así en poder de los actuales poseedores.

Artículo 138

Dentro de un año se establecerá, por un reglamento del Rey, el modo en que se han de ejecutar las disposiciones contenidas en los tres artículos anteriores.

Artículo 139

En adelante no podrá fundarse ningún fideicomiso, mayorazgo o sustitución sino en virtud de concesiones hechas por el Rey por razón de servicios en favor del Estado, y con el fin de perpetuar en dignidad las familias de los sujetos que los haya contraído.

La renta anual de estos fideicomisos, mayorazgos o sustituciones, no podrá en ningún caso exceder de 20.000 pesos fuertes ni bajar de 5.000.

Artículo 140

Los diferentes grados y clases de nobleza actualmente existentes, serán conservados con sus respectivas distinciones, aunque sin exención alguna de las cargas y obligaciones públicas, y sin que jamás pueda exigir la calidad de nobleza para los empleos civiles ni eclesiásticos, ni para los grados militares de mar y tierra. Los servicios y los talentos serán los únicos que proporcionen los ascensos.

Artículo 141

Ninguno podrá obtener empleos públicos civiles y eclesiásticos si no ha nacido en España o ha sido naturalizado.

Artículo 142

La dotación de las diversas Órdenes de caballería no podrá emplearse, según que así lo exige su primitivo destino, sino es recompensar servicios hechos al Estado. Una misma persona nunca podrá obtener más de una encomienda.

Artículo 143

La presente Constitución se ejecutará sucesiva y gradualmente por decreto o edictos del Rey, de manera que el todo de sus disposiciones se halle puesto en ejecución antes del 1 de enero de 1813.

Artículo 144

Los fueros particulares de las provincias de Navarra, Vizcaya, Guipúzcoa y Álava se examinarán en las primeras Cortes, para determinar lo que se juzgue más conveniente al interés de las mismas provincias y al de la nación.

Artículo 145

Dos años después de haberse ejecutado enteramente esta Constitución, se establecerá la libertad de imprenta. Para organizarla se publicará una ley hecha en Cortes.

Artículo 146

Todas las adiciones, modificaciones y mejoras que se haya creído conveniente hacer en esta Constitución, se presentarán de orden del Rey al examen y deliberación de las Cortes, en las primeras que se celebren después del año de 1820.

63

Libros a la carta

A la carta es un servicio especializado para
empresas,
librerías,
bibliotecas,
editoriales
y centros de enseñanza;
y permite confeccionar libros que, por su formato y concepción, sirven a los propósitos más específicos de estas instituciones.

Las empresas nos encargan ediciones personalizadas para marketing editorial o para regalos institucionales. Y los interesados solicitan, a título personal, ediciones antiguas, o no disponibles en el mercado; y las acompañan con notas y comentarios críticos.

Las ediciones tienen como apoyo un libro de estilo con todo tipo de referencias sobre los criterios de tratamiento tipográfico aplicados a nuestros libros que puede ser consultado en Linkgua-ediciones.com.

Linkgua edita por encargo diferentes versiones de una misma obra con distintos tratamientos ortotipográficos (actualizaciones de carácter divulgativo de un clásico, o versiones estrictamente fieles a la edición original de referencia).

Este servicio de ediciones a la carta le permitirá, si usted se dedica a la enseñanza, tener una forma de hacer pública su interpretación de un texto y, sobre una versión digitalizada «base», usted podrá introducir interpretaciones del texto fuente. Es un tópico que los profesores denuncien en clase los desmanes de una edición, o vayan comentando errores de interpretación de un texto y esta es una solución útil a esa necesidad del mundo académico.

Asimismo publicamos de manera sistemática, en un mismo catálogo, tesis doctorales y actas de congresos académicos, que son distribuidas a través de nuestra Web.

El servicio de «libros a la carta» funciona de dos formas.

1. Tenemos un fondo de libros digitalizados que usted puede personalizar en tiradas de al menos cinco ejemplares. Estas personalizaciones pueden ser de todo tipo: añadir notas de clase para uso de un grupo de estudiantes, introducir logos corporativos para uso con fines de marketing empresarial, etc. etc.

2. Buscamos libros descatalogados de otras editoriales y los reeditamos en tiradas cortas a petición de un cliente.